CASTOR ET POLLUX,

TRAGÉDIE,

REPRÉSENTÉE

POUR LA PREMIERE FOIS,

PAR L'ACADÉMIE ROYALE

DE MUSIQUE,

Le 24 Octobre 1737.

Et Remis au Théâtre le huit Janvier 1754.

PRIX XXX SOLS.

AUX DÉPENS DE L'ACADÉMIE.

A PARIS, Chez la V. DELORMEL & FILS, Imprimeur de ladite Académie, rue du Foin, à l'Image Ste. Geneviéve.

On trouvera des Livres de Paroles à la Salle de l'Opéra.

M. DCC. LIV.

AVEC APPROBATION ET PRIVILEGE DU ROY.

La Muſique eſt de M. RAMEAU.

ACTEURS CHANTANS

Dans les Chœurs.

CÔTE' DU ROI.		CÔTE' DE LA REINE.	
Mesdemoiselles.	*Messieurs.*	*Mesdemoiselles.*	*Messieurs.*
Dun.	Lefebvre.	Rollet.	S. Martin.
Larcher.	Le Page, C.	Daliere.	Gratin.
Cazeau.	Marotte.	Masson.	Le Messe.
LeTourneur	Levesque.	Gondré.	Albert.
La Croix.	Le Roy.	Héry.	Le Vasseur.
Sallaville.	Selle.	Duval. 1re.	Chapotin.
Duval. 2e.	Roze.	Adelaïde.	Favier.
Gaultier.	Robin.	Lachanterie	Feret.
DeS.Hilaire	Antheaume.	Dauger.	Du Perrier.
Béfort.	Parent.	Beyssac.	Lombard.
			Laurent.

ACTEURS

POLLUX, *Fils de Jupiter & de Leda, Roi de Sparte.*	Mr. De Chassée
CASTOR, *Fils de Tindare & de Leda.*	Mr. Jeliotte.
TELAIRE, } *Sœurs, Filles du Soleil.*	Mlle. Fel.
PHEBÉ, }	Mlle. Chevalier.
JUPITER.	Mr. Gelin.
MERCURE.	Mr. Poirier.
CLÉONE, *Confidente de Phebé.*	Mlle. Dubois.
LE GRAND PRESTRE *de Jupiter.*	Mr. Person.
TROUPE DE PRESTRES.	
UN SPARTIATE.	Mr. Selle.
TROUPES D'ATHLETES *&* de COMBATTANTS.	
DEUX ATHLETES.	Mrs. { Poirier. De la Tour
HEBÉ, *Personnage dansant.*	
PLAISIRS CÉLESTES *& les suivans d'*HEBÉ.	
UNE SUIVANTE D'HEBÉ.	Mlle. Dubois.
TROUPE DE MAGICIENS.	
TROUPE DE DÉMONS, DE MONSTRES.	
LES FURIES.	
LES OMBRES HEUREUSES.	
UNE OMBRE HEUREUSE.	Mlle. Dubois.
PEUPLES DE SPARTE.	
Les Génies qui président aux Planettes & aux Constellations.	

La Scene est aux Enfers, à Sparte & dans les Cieux.

PERSONNAGES DANSANS.

ACTE PREMIER.

SPARTIATES.

Mlle. LANY.

Mr. LELIEVRE Mlle. CARVILLE.

Mrs. Caiez, Gobert, Gallini, Desplaces l., Desplaces c., Lepy, Vestris c., Henry.

Mlles. Desirée, Ponchon, Sauvage, Raime, Maupin, Morel.

ACTE SECOND.

GUERRIERS.

Mrs. Caiez, Gobert, Gallini, Desplaces l., Desplaces c., Lepy, Vestris c., Henry.

GLADIATEURS.

Mrs. LANY, VESTRIS, LAVAL, HYACINTE.

SPARTIATES.

Mlles. LYONNOIS, LABATTE.

Mlles. St. Germain, Dazenoncourt, Marquise, Chevrier, Garnier, Himblot.

ACTE TROISIÉME.

HEBÉ, Mlle. PUVIGNÉE.

SUIVANTS D'HEBÉ.

Mrs. Hamoche, Feuillade, Lelievre, Beat.

Mlles. Desirée, Maupin, Ponchon, Raime.

ACTE QUATRIÉME.

Premier Divertiſſement.

DEMONS.

Mrs. LAVAL, HYACINTE.

Mrs. Dupré, Feuillade, Lelievre, Gobert, Deſplaces l., Veſtris c.

LES FURIES.

Mlles. LANY, LYONNOIS, LABATTE.

Second Divertiſſement.

OMBRES HEUREUSES.

Mlle. PUVIGNÉE.

Mr. LEPY, Mlle. RAIX.

Mrs. Hamoche, Caiez, Gallini, Beat.

Mlles. Courcelles, Marquiſe, Victoire, Grenier, Raime, Himblot.

ACTE CINQUIÉME.

GÉNIES qui préſident aux Planettes.

Mrs. LANY, VESTRIS.

Mlles. LANY, RAIX.

Mrs. Hyacinte, Gobert, Deſplaces l., Deſplaces c., Veſtris c., Henry.

Mlles. Deſirée, Ponchon, Marquiſe, Chevrier, Grenier, Raime.

CASTOR
ET
POLLUX,
TRAGÉDIE.

ACTE PREMIER.

Le Théâtre représente le Palais du Roi, avec tout l'apareil d'un Himenée.

SCENE PREMIERE.

PHEBÉ, CLÉONE.

CLÉONE.

L'HIMEN couronne votre sœur,
Pollux épouse Télaïre ;
Ce pompeux apareil annonce son bonheur,
Mais j'entends Phebé qui soupire.

PHEBÉ.

Mon cœur n'eſt point jaloux d'un ſort ſi glorieux,
Une autre voix s'y fait entendre,
Ah que n'eſt-il ambitieux !
Peut-être ſeroit-il moins tendre.

Filles du Dieu du Jour, par quels préſens divers
Le Ciel marqua notre partage !
Je reçûs le pouvoir d'évoquer les Enfers ;
Que Telaïre obtint un plus doux avantage !
Elle commande aux cœurs où mon art ne peut rien ;
Un coup d'œil lui rend tout poſſible,
Je ne fais qu'étoner ce qu'elle rend ſenſible.
Que ſon pouvoir eſt audeſſus du mien !

Que l'Univers la trouve belle,
Je le pardonne à ſes appas ;
Mais que l'ingrat Caſtor m'abandone pour elle,
Voilà ce que mon cœur ne lui pardone pas.

CLÉONE.

L'Hymen du Roi qui va rompre leur chaîne,
Doit vous rendre l'eſpoir de fixer votre amant.

PHEBÉ.

Elle aura ſes regrets, je n'aurai que la peine
D'eſperer encor vainement.....
Et ſi le Roi cédoit aux larmes de ſon Frere,

L'objet

L'objet qui cause son tourment?
Tu vois ce que je crains, voici ce que j'espere:
Cléone, en ce moment fatal,
Pour venger ma flâme offensée,
Je leur garde un autre rival,
Et je puis disposer des fureurs de Lincée.
Son amour qu'on outrage est tout prêt d'éclater.
Il veut de ce Palais enlever Telaïre....
Je la vois. Son triomphe augmente mon martire:
Songeons à l'éviter.

Elle sort.

SCENE II.

TELAÏRE *seule.*

ECLatez mes justes regrets,
Dans un moment, hélas! Il faudra vous contraindre:
Le Ciel m'ôtera désormais
Jusqu'à la douceur de me plaindre.

La Gloire unit en vain tout ce qu'elle a d'attraits
Pour un Dieu qui m'adore, & me force à le craindre;
L'amour a lancé d'autres traits;
Ces honneurs que je fuis ne font voir que l'excès
D'un feu que je ne puis éteindre.

Eclatez, &c.

SCENE III.

TELAÏRE, CASTOR,

CASTOR.

AH ! Je mourrai content, je revois vos appas.

TELAÏRE.

Prince, osez-vous encor me parler de tendresse ?

CASTOR.

On permet nos adieux.

TELAÏRE.

Eh ! Ne deviez-vous pas
Les épargner à ma foiblesse ?

CASTOR.

Quand j'ai pour cet adieu l'aveu de votre Epoux,
Quand vous m'allez être ravie ;
Cruelle, me reprochez-vous
Le dernier plaisir de ma vie ?

Mon Frere a vû mes pleurs, & loin de les cacher,
J'ai laissé voir toute ma flame;
La pitié lui parloit, & sembloit le toucher ;
Mais l'amour plus puissant l'écartoit de son ame.
Achevez son bonheur : je quitterai ces lieux,
Sans me plaindre de vous, sans accuser mon Frere.
Ai-je à me plaindre que des Dieux ?

TELAÏRE.

Vous partez.

CASTOR.

Je m'impoſe un éxil néceſſaire.

Dans ces yeux, maîtres de mon ſort,
Si j'ai trouvé cent fois la vie;
Quand l'eſpérance m'eſt ravie,
J'y trouverois cent fois la mort.

TELAÏRE.

Et le Roi permettra cette fuite inhumaine?
Non, ſon cœur eſt trop généreux.

CASTOR.

Son bonheur adoucit ma peine:
Vous me plaignez, il m'aime & je pars trop heureux.

POLLUX qui les obſervoit paroît en ce moment.

SCENE IV.

POLLUX, TELAÏRE, CASTOR,

POLLUX.

NOn, demeure Caſtor, c'eſt moi qui te l'ordonne.
L'amour & l'amitié t'en impoſent la loi:
Calme l'inquiétude où ton cœur s'abandonne;

Pour te retenir près de moi,
La main qu'on devoit à ma foi
Est la chaîne que je te donne.

CASTOR.

O bontés que j'adore!

TELAÏRE.

O grandeur qui m'étonne!

POLLUX.

Je connois tout ce que je perds,
Castor à mon amour rendra cette justice:
Il pourra mieux juger du sacrifice,
Par les tourmens qu'il a soufferts.

La Suite du Roi, & le Peuple entrent sur la Scene.

SCENE V.

POLLUX, TELAÏRE, CASTOR,

SPARTIATES,

POLLUX.

CEs apprêts m'étoient destinés,
J'en faisois mon bonheur suprême:
Que vos fronts soient couronés
De ces fleurs qui devoient parer mon diadême.

Des deux objets que j'aime,
Je fais deux amants fortunés.

CHŒUR de SPARTIATES.

Chantons l'éclatante victoire
D'un Héros qui dompte l'Amour,
Si la vertu triomphe en ce beau jour,
L'Amour ne perd rien de sa gloire. *On danse.*

CASTOR.

Quel bonheur régne dans mon ame!
Amour, as-tu jamais
Lancé de si beaux traits?
Des mains de l'amitié tu courones ma flame!
Amour as-tu jamais
Lancé de si beaux traits? *On danse.*

SCENE VI.

UN SPARTIATE & *les* ACTEURS DE LA SCENE PRÉCEDENTE.

UN SPARTIATE.

Quittez ces jeux, courez aux armes,
Lincée attaque ce Palais;
La jalouse Phebé semble guider ses traits.

CHŒURS.

Courons aux armes.

CASTOR & POLLUX qui se séparent pour aller combattre aux deux côtes du Théâtre.

Allons dissiper ces allarmes
Aux armes.

TELAÏRE à CASTOR.

Vous me quittez !
Arrêtez, Castor, arrêtez.

Les différents CHŒURS.

Combattons, attaquons, attaquez, combattez.

UNE VOIX seule qu'on entend.

Enlevons Telaire.

TELAÏRE.

Ah ! Quelle fureur les inspire !

Après un grand bruit de Guerre, il se fait un profond silence.

CHŒURS.

Castor est tombé sous ses coups !
O perte irréparable !
O malheur effroyable !

TELAÏRE.

Je me meurs.

CHŒURS.

Pollux vengez-nous.

POLLUX paroît à la tête d'une troupe de Combattants, traverse le Théâtre & fond du côte où son Frere a été vaincu.

FIN DU PREMIER ACTE.

ACTE SECOND.

Le Théâtre représente le lieu de la Sépulture des Rois de Sparte ; ce sont des voûtes souteraines, où l'on découvre plusieurs monuments éclairés par des lampes sépulchrales. On voit dans le lieu principal un grand Mausolée élévé pour les funérailles de Castor & environé d'un Peuple qui gémit.

SCENE PREMIERE.

CHŒUR *des* SPARTIATES.

QUE tout gémisse,
Que tout s'unisse :
Préparons, élévons d'éternels monuments
Au plus malheureux des amants :
Que jamais notre amour, n'y son nom ne périsse
Que tout gémisse.

SCENE II.

TELAÏRE *qui paroît dans le plus grand deuil.*

TRiſtes apprêts, pâles flambeaux,
Jour plus affreux que les ténébres,
Aſtres lugubres des tombeaux,
Non, je ne verrai plus que vos clartés funébres.

Toi, qui vois mon cœur éperdu,
Pere du jour, ô Soleil ! ô mon Pere !
Je ne veux plus d'un bien que Caſtor a perdu,
Et je renonce à ta lumiere.

Triſtes apprêts, *&c.*

SCENE III.

PHEBÉ, TELAÏRE,

TELAÏRE.

CRuelle, en quels lieux venez-vous?
Oſez-vous inſulter encore
Aux manes d'un Héros qui périt par vos coups?

PHEBÉ.

Laiſſe à l'amour qui me dévore
Le ſoin de me punir d'un crime que j'abhorre:
Il m'en dit plus que ton courroux.

Tu

Tu pleures l'amant le plus tendre ;
Mais de nous deux encor ſon deſtin peut dépendre ;
D'un mot tu peux le rendre au jour.

TELAÏRE.

Ordonnés. Que faut-il ?

PHEBÉ.

Immoler ton amour.
Et mon art forcera l'Enfer à nous le rendre.

TELAÏRE.

Oui, je m'en impoſe la loi.
Qu'il vive, que pour lui votre ardeur ſe ſignale.

PHEBÉ.

Tu le veux.

TELAÏRE.

Hâtez-vous, je céde à ma rivale
L'amour dont il brûla pour moi.

On entend une Symphonie Guerriere & des Chants de Victoire.

CHŒUR derriere le Théâtre.

Triomphe, Vengeance.

TELAÏRE.

C'eſt le Roi vainqueur qui s'avance.

PHEBÉ.

Il a vengé nos maux, il faut les reparer.

Elle ſort.

SCENE IV.

POLLUX, TELAÎRE, TROUPE *de* SPARTIATES, *d'*ATHLETES *&* *de* COMBATTANTS, *portants des trophées & les dépouilles des Ennemis.*

POLLUX au PEUPLE.

PEuples, ceſſez de ſoupirer.
Non, ce n'eſt plus des pleurs que ces mânes demandent,
C'eſt du ſang qu'ils attendent,
Et ce ſang fatal a coulé:
Lincée eſt immolé.

TOUS LES CHŒURS.

Que l'Enfer applaudiſſe
A de nouveaux concerts.
Qu'une ombre plaintive en jouiſſe,
Le cri de la vengeance eſt le chant des Enfers.

POLLUX à TELAÏRE.

Princeſſe, une telle victoire
Doit adoucir pour vous l'horreur de ce ſéjour.

TELAÏRE.

La vengeance flatte la gloire;
Mais ne console pas l'amour.

POLLUX.

Est-il donc sans espoir, quand je soupire encore:

TELAÏRE.

Hélas, Seigneur, mes vœux vous furent tous connus;
Et quand j'aimai Castor, j'adorai vos vertus.

POLLUX.

Ce culte foiblement honore
Un Dieu qui s'est laissé charmer;
Qu'il est aisé de dire qu'on adore
L'objet qu'on se déffend d'aimer.

TELAÏRE.

Si les Dieux n'ont pû se déffendre
De suivre un penchant amoureux,
Sur nous comment pourrions nous prendre
L'empire qu'ils n'ont pas sur eux?

Mais si l'art de Phebé remplissoit mon attente,
Si Castor échapoit aux rives des Enfers.

POLLUX.

Non, c'est envain qu'elle le tente,
Et c'est encore à moi de réunir vos fers.

Aux piés de Jupiter j'irai me faire entendre:
Le Dieu qui m'a donné le jour,
A mon Frere peut le rendre.
Aux larmes de son fils quelle marque plus tendre
Peut-il donner de son amour?

TELAÏRE.

Ah Prince! Osez tout entreprendre:
Montrez qu'aux Immortels votre sort est lié.
Jupiter dans les Cieux est le Dieu du Tonnerre,
Et Pollux sur la terre
Sera le Dieu de l'amitié.

D'un Frere infortuné réssusciter la cendre,
L'arracher au tombeau, m'empêcher d'y descendre,
Triompher de vos feux, des siens être l'appui,
Le rendre au jour, à ce qu'il aime,
C'est montrer à Jupiter même
Que vous êtes digne de lui.

POLLUX *aux* PEUPLES.

Reprenez vos chants de victoire,
Que mon triomphe embelisse ces lieux,
Occupez Telaïre, & charmez ses beaux yeux
Par le spectacle de ma gloire.

Il sort.

Aussi-tôt les tombeaux disparoissent & laissent voir une campagne agréable aux environs de Sparte.

*Entrée & Combat figuré d'*ATHLETES.

DEUX ATHLETES.

Venez tous, suivez la victoire:
Chantez tous le Dieu de la gloire.
Dieu vainqueur, lance tes traits.
Tes conquêtes
Sont nos fêtes:
Que la guerre a pour nous d'atraits.
Eclatez brillantes Trompettes,
Sonnez,
Remplissés ces retraittes,
Donnez
Le signal des jours fortunés.

Quand Bellone
Nous couronne,
Soutenez nos voix
Pour chanter nos exploits.

Des Femmes Spartiates se mêlent à la Fête des Guerriers, & forment un Divertissement de réjouissance, pour célébrer la victoire de Pollux.

FIN DU SECOND ACTE.

ACTE TROISIÉME.

Le Théâtre représente le Vestibule du Temple de Jupiter, où POLLUX *doit faire un sacrifice.*

SCENE PREMIERE.

POLLUX *seul.*

PRÉSENT des Dieux, doux charme des humains,
O divine amitié, viens pénétrer nos ames :
Les cœurs éclairés de tes flâmes,
Avec des plaisirs purs, n'ont que des jours séreins.

C'eſt dans tes nœuds charmants que tout eſt jouiſ-
ſance :
Le temps ajoûte encor un luſtre à ta beauté :
L'amour te laiſſe la conſtance ;
Et tu ſerois la volupté,
Si l'homme avoit ſon innocence,

Préſent des Dieux, *&c.*

Le Temple s'ouvre, & les Prêtres en ſortent.

Mais le Temple eſt ouvert, le Grand Prêtre s'avance...

SCENE II.

POLLUX, LE GRAND PRESTRE DE JUPITER, PEUPLES, & SUITE *du Grand Prêtre.*

LE GRAND PRÊTRE.

LE Souverain des Dieux
Va paroître en ces lieux
Dans tout l'éclat de ſa puiſſance.
Tremblez, rédoutez ſa préſence,
Fuyez Mortels curieux.

Ce n'eſt que par les feux & la voix du tonnerre
Qu'il s'annonce à la terre :
Et l'éclat redouté de ſon front glorieux,
N'eſt vû que par les Dieux.

Qu'au

Qu'au ſeul nom de ce Dieu ſuprême
De reſpect & d'effroi, tous les cœurs ſoient glacés;
Fuyez, & frémiſſez.
Fuyons, & frémiſſons nous même.

CHŒUR des PRESTRES.

Fuyons, & frémiſſons nous même.

Le Peuple & les Prêtres ſortent.

Le Théâtre change, Jupiter paroît aſſis ſur un thrône, dans toute ſa gloire.

SCENE III.

JUPITER POLLUX.

POLLUX.

MA voix, puiſſant maître du Monde,
S'éleve en tremblant juſqu'à toi,
D'un ſeul de tes regards diſſipe mon effroi,
Et calme ma douleur profonde.

O mon pere, écoute mes vœux.

L'Immortalité qui m'enchaine
Pour ton fils déſormais n'eſt qu'un ſuplice affreux.
Caſtor n'eſt plus, & ma vengeance eſt vaine,
Si ta voix ſouveraine
Ne lui rend des jours plus heureux.

O mon pere, écoute mes vœux.

JUPITER.

Que ſon retour, mon fils, auroit pour moi de charmes !
Qu'il me ſeroit doux d'y penſer !
Mais l'enfer a des loix que je ne puis forcer :
Et le ſort me deffend de répondre à tes larmes.

POLLUX.

Ah ! Laiſſe-moi percer juſques aux ſombres bords :
J'ouvrirai ſous mes pas les antres de la terre.
J'irai braver Pluton, j'irai chercher les morts
A la lueur de ton tonnerre :
J'enchainerai Cerbere, & plus digne des cieux,
Je reverrai Caſtor, & mon Pere, & les Dieux.

JUPITER.

J'ai voulu te cacher le ſort qui te menace :
D'un frere infortuné tu peux briſer les fers,
Si tu deſcends dans les enfers ;
Mais il eſt ordonné pour prix de ton audace,
Que tu prenes ſa place.

Tes jours éternels, tes beaux jours
Sont trop dignes d'envie.

POLLUX.

Non, je ne puis ſouffrir la vie,
Si Caſtor avec moi n'en partage le cours.

Je reverrai mon frere, il verra Telaïre!
Il est aimé, c'est à lui d'être heureux:
Chaque instant qu'icy je respire
Est un bien que j'enleve à son cœur amoureux.

JUPITER.

Avant que de ceder au zele qui t'inspire,
Voi ce que tu perds dans les cieux.

Plaisirs, charmes de mon Empire,
Plaisirs, vous qui faites les Dieux,
Triomphés d'un Dieu qui soupire.

Les Plaisirs celestes, conduits par Hebé entrent en dansant, ils entourent Pollux, Jupiter se retire.

SCENE IV.

POLLUX, HEBÉ, LES PLAISIRS CELESTES, *qui tiennent des guirlandes de fleurs, dont ils veulent enchaîner Pollux.*

CHŒUR DES PLAISIRS CELESTES, *en dansant autour de Pollux.*

JEune Immortel, où courez-vous?
Ah! Pouvez-vous nous méconnoitre?
Un Dieu peut-il être sans nous?
Un Dieu peut-il cesser de l'être.

POLLUX.

Tout l'éclat de l'Olimpe est envain ranimé,
Le Ciel & le bonheur suprême
Sont aux lieux où l'on aime,
Sont aux lieux où l'on est aimé.

PETIT CHŒUR.

Qu'Hebé, de fleurs toûjours nouvelles
Forme vos chaînes éternelles.

On danse.

UNE SUIVANTE D'HEBÉ.

Voici des Dieux
L'azile aimable :
Goutez des Cieux
La paix durable.
Plus de plaisirs
Que de désirs,
Des chaînes
Sans peines
Et de beaux jours
Comptés toujours
Par nos amours.

Si l'on soupire,
C'est sans martyre :
Est-on charmé ?
L'on plaît de même :
On dit qu'on aime,
On est aimé.

LE PETIT CHŒUR.

Qu'Hebé, de fleurs toujours nouvelles
Forme vos chaînes immortelles.

POLLUX.

Ah ! Sans le trouble où je me voi,
Charmants Plaisirs, je vous ferois fidele ;
Mais dans l'excès de ma douleur mortelle,
Plaisirs que voulez-vous de moi ?

Danse d'Hebé.

UNE SUIVANTE D'HEBÉ.

Que nos jeux
Comblent vos vœux :
Suivez Hebé, que votre jeunesse
Sans cesse
Renaisse,
Pour être à jamais heureux.
La grandeur la plus brillante
N'est point l'attrait qui nous tente,
Venez, voyez, goûtez
Les célestes voluptés.
Nous aimons, Jupiter même
N'est heureux que quand il aime.
Aimez, cédez, suivez
Les biens qui vous sont réservés.

La Danse récommence, les Plaisirs Célestes font de nouveaux efforts pour arrêter Pollux.

POLLUX.

Si je romps vos aimables chaînes:
Je vous épargne mes soupirs.
Je descends aux Enfers, pour oublier mes peines.
Et Castor renaîtra, pour goûter vos plaisirs.

POLLUX rompt les Guirlandes de fleurs dont il est enchaîné, & se dérobe aux Plaisirs qui le suivent.

FIN DU TROISIÉME ACTE.

ACTE QUATRIÉME.

Le Théâtre représente l'entrée des Enfers, dont le passage est gardé par des Monstres, des Spectres, & des Demons : c'est une caverne qui vomit sans cesse des flâmes.

SCENE PREMIERE.

PHEBÉ *seule.*

ESPRITS soutiens de mon pouvoir.
Volez, remplissez mon espoir.
Venez, au rivage sombre
Il faut lui ravir une ombre.

Les Esprits & Puissances Magiques paroissent à la voix de PHEBÉ, *elle forme ses enchantements.*

Rassemblez-vous, secondez mon ardeur :
Des Monstres des Enfers, combattez la fureur.

LE CHŒUR.

Des Monstres des Enfers, combattons la fureur.

PHEBÉ.

Redoublez vos charmes,
Pénétrez ce séjour
Impénétrable au jour,
Redoublez vos charmes,
Empruntez les traits de l'Amour
Pour avoir de plus fortes armes.
Mais que vois-je ?

On voit Mercure qui descend, Pollux paroît en même temps.

SCENE II.

MERCURE, PHEBÉ, POLLUX,

MERCURE.

PHebé, tu fais de vains efforts:
De tes enchantements vois l'inutile usage.
Le fils de Jupiter aura seul l'avantage
De pénétrer aux sombres bords.

PHEBÉ.

Ah! Prince où courez-vous ?

POLLUX.

Je vole à la Victoire.

Qui doit couroner mes travaux.
Le chemin des Enfers sous les pas d'un Héros
Devient le chemin de la gloire.

PHEBÉ.

Laissez-moi dévancer vos pas :
Laissez-moi braver tout obstacle.
A l'Amour est dû le miracle
De triompher du trépas.

POLLUX.

Allons, Mercure, où tu me guides
L'ardeur que j'éprouve en ce jour
Prête à mon amitié des aîles plus rapides
Que ne sont celles de l'Amour.

Il se dispose à entrer dans la Caverne, tous les Monstres sortent des Enfers pour en deffendre le passage.

MERCURE, POLLUX, & PHEBÉ.

Tombez, rentrez dans l'esclavage :
Arrêtez, Demons furieux.

POLLUX.	Livrez moi	cet affreux passage.
PHEBÉ *MERCURE.*	Livrez-lui	
POLLUX.	Et redoutez	le fils du plus puissant des Dieux.
PHEBÉ. *MERCURE.*	Et respectez	

CHŒUR DES DEMONS.

Sortons d'esclavage,
Fermons lui cet affreux passage.

Danse des Demons qui veulent effrayer Pollux.

LE CHŒUR DES DEMONS.

Brisons tous nos fers,
Ebranlons la terre,
Embrasons les airs:
Qu'au feu du tonnerre
Le feu des Enfers
Déclare la Guerre.

Jupiter lui même
Doit être soumis
Au pouvoir suprême
Des Enfers unis.
Ce Dieu téméraire
Veut-il pour son fils
Détroner son frere.

Les Demons continuent leur danses, les Furies sortent des Enfers & paroissent armées de flambeaux & de Serpens. Pollux combat les Démons. Mercure les frappe de son caducée & s'abîme avec Pollux dans la caverne.

SCENE III.

PHEBÉ.

O Ciel! Tout céde à sa valeur!
Il a forcé les portes du Tenare;
Et je ne puis percer l'horreur
De l'abîme qui nous sépare.

Si Castor reprenoit la vie & son amour.....

Esprits jaloux, haîne fatale,
Et vous que j'apellois pour presser son retour,
Ah! Fermez-lui plûtôt la barriere du jour,
S'il doit vivre pour ma rivale.

Elle sort.

Le Théâtre change & représente les Champs Elisées, arrosés par le Fleuve Lethée; des Ombres heureuses paroissent dans l'éloignement.

SCENE IV.

CASTOR.

SÉjour de l'éternelle paix
Ne calmerez-vous point mon ame impatiente?
L'Amour jusqu'en ces lieux me poursuit de ses traits.
Castor n'y voit que son amante,
Et vous perdez tous vos attraits.

Séjour, &c.

Que ce murmure est doux! Que cet ombrage est frais!
De ces accords touchants la volupté m'enchante.
Tout rit, tout prévient mon attente;
Et je forme encor des regrets.

Séjour, &c.

CHŒUR DES OMBRES HEUREUSES qui arrivent en dansant.

Qu'il soit heureux comme nous.
Des biens que nous goûtons sur cet heureux rivage
Nos cœurs ne sont point jaloux:
Il les voit, il les partage.
Qu'il soit heureux comme nous.

Différents Quadrilles d'Ombres heureuses s'approchent de Castor en dansant.

UNE OMBRE.

Sur les Ombres fugitives
L'Amour lance encor des feux;
Mais il ne fait ſur ces rives
Qu'un peuple d'amants heureux.
Les plaiſirs les plus aimables
Naiſſent plûtôt que nos vœux,
Ils ſont purs, ils ſont durables.

On danſe.

UNE OMBRE alternativement avec le CHŒUR.

Dans ces doux aziles
Par nous ſoyez couroné, venez.
Aux plaiſirs tranquiles
Ces lieux charmants ſont deſtinés.

Ce fleuve enchanté,
L'heureux Lethé
Coule ici parmi les fleurs:
L'on n'y voit ni douleurs,
Ni ſoucis, ni langueurs,
Ni pleurs.

L'oubli n'emporte avec lui
Que les ſoins & l'ennui.

Ce Dieu nous laiſſe
Sans ceſſe
Le ſouvenir
Du plaiſir.

Les Ombres reprennent leurs Danſes, tout-à-coup elles ſont interrompuës.

CHŒUR derriere le Théâtre.

Fuyez, fuyez Ombres legeres.
Nos jeux ſont prophanés par des yeux téméraires.

POLLUX paroît.

SCENE V.

POLLUX, CASTOR, LES OMBRES.

POLLUX.

RAssurez-vous, habitans fortunés.
Loin de troubler ce favorable azile
J'y viens goûter la paix que vous donnez.
C'est ici des Héros la demeure tranquile.
Chere Ombre, paroissez.

CASTOR.

O mon frere! Est-ce vous?
O moments de tendresse!

ENSEMBLE.

O moments les plus doux!
O mon frere! Est-ce vous?

POLLUX.

C'est moi qui viens briser la chaîne qui te lie:
C'est moi qui t'ai vengé d'un rival odieux.

CASTOR.

Je verrois la clarté des Cieux?

POLLUX.

C'est peu de te rendre à la vie,
Le sort t'éléve au rang des Dieux.

CASTOR.

Me rendra-t-il hélas l'objet de mon homage?

POLLUX.

Tu n'avois que moi pour rival,
Et le destin fatal
Va m'imposer les fers dont ma main te dégage.

CASTOR.

Par ton supplice, ô Ciel! J'acheterois le jour!

POLLUX.

Tout l'Univers demande ton retour.
Régne sur un peuple fidele.

CASTOR.

Le fils de Jupiter doit lui donner la loi.

POLLUX.

Voi dans les Cieux la gloire qui t'apelle.

CASTOR.

J'immole au seul plaisir qui m'approche de toi
Toute la grandeur immortelle.

POLLUX.

Telaïre t'attend.

CASTOR.

Cruel épargne moi:
Elle même, à ce prix, verroit avec effroi
Renouer de mes jours la trâme criminelle.

POLLUX.

POLLUX.

Castor, nous la perdrons tous deux
Si tu tardes encor, tu lui coûtes la vie,
Hâte toi, va, le Ciel t'ordonne d'être heureux:
Et c'est ton rival qui t'en prie.

CASTOR.

Oui, je céde enfin à tes vœux.
J'irai sauver les jours d'une amante fidele,
Je renaîtrai pour elle;
Mais puisqu'enfin je touche au rang des Immortels,
Je jure par le Styx qu'une seconde aurore
Ne me trouvera pas au séjour des mortels.
Je ne veux que la voir & l'adorer encore,
Et je te rends le jour, ton trône & tes autels.

POLLUX à MERCURE.

Ses jours sont commencez.
Volez, Mercure, obéissez.
Rendez un Immortel au séjour du tonerre,
Un Héros à la terre.
Volez, Mercure, obéissez.

CHŒUR des Ombres, pendant lequel les Ombres danſantes veulent les retenir.

Revenez, revenez ſur les rivages ſombres,
Habitez tous deux parmi nous.
Et nous rendrons les Dieux jaloux
De la félicité des Ombres.

Mercure enleve Caſtor dans un nuage, Pollux ſe retire avec les Ombres.

FIN DU QUATRIÉME ACTE.

ACTE CINQUIÉME.

Le Théâtre repréſente une vuë agréable des environs de Sparte.

SCENE PREMIERE.

CASTOR, TELAÏRE,

TELAÏRE.

LE Ciel eſt donc touché des plus tendres amours:
Au jour que je quittois votre voix me rapelle.
Vous vivrez, pour m'être fidele,
Et vous vivrez toujours.

CASTOR.

Hélas!

TELAÏRE.

Mais pourquoi ces allarmes?
Vous m'aimez, je vous vois....

CASTOR.

Telaïre, vivez.

TELAÏRE.

Qu'entends-je ! Quels diſcours ?

CASTOR.

Telaïre.....

TELAÏRE.

Achevez.

De ſi beaux jours ſont-ils faits pour des larmes ?

CASTOR.

A d'éternels adieux il faut nous préparer.

TELAÏRE.

Que dites-vous ? O Ciel !

CASTOR.

Il faut nous ſéparer.

Je retourne aux rivages ſombres.

TELAÏRE.

Caſtor ! Et vous m'abandonnez !

CASTOR.

Mon frere & mes ſerments m'attendent chez les Ombres.

TELAÏRE.

A vous pleurer encor mes yeux ſont condamnez!
A peine je vous vois ! A peine je reſpire !
Caſtor ! Et vous m'abandonnez !

CASTOR.

L'instant fatal approche, il me presse, il expire.
Que cet instant a d'horreurs & d'appas !

TELAÏRE.

Hélas ! Te puis-je croire ?
Quand parjure à l'amour, ingrat, tu ne fais gloire
Que d'être fidele au trépas.

On entend des Chants de réjouissance.

Mais j'entends des cris d'allegresse.

SCENE II.

CASTOR, TELAÏRE, TROUPE DE SPARTIATES.

CHŒUR.

Vivez heureux Epoux.

TELAÏRE.

Au devant de tes pas tout ce peuple s'empresse.
Veux-tu troubler ses jeux ? Ils étoient faits pour nous.

CASTOR au PEUPLE.

Hélas ! Vous ignorez que votre attente est vaine.

TELAÏRE & le CHŒUR.

Pourquoi vous dérober à des transports si doux ?

CASTOR.

Peuples, éloignez-vous.
Vos désirs augmentent ma peine.

Le Peuple sort.

SCENE III.

CASTOR, TELAÏRE.

TELAÏRE.

EH quoi! Tous ces objets ne peuvent t'attendrir.

CASTOR.

Voulez-vous qu'aux Enfers j'abandonne mon frere?

TELAÏRE.

Les Dieux nous le rendront: Jupiter est son pere.

CASTOR.

Vivez, & laissez-moi mourir.

TELAÏRE.

Tu meurs!... Pour qui veux-tu que je respire encore?

CASTOR.

Régnez, mon frere est immortel,
Mon frere vous adore.

TELAÏRE.

Non, je n'attendrai pas un destin si cruel :
J'en atteste les Dieux & la mort que j'implore.

CASTOR.

Arrêtez, redoutez le charme de vos pleurs.
Si j'osois balancer, il est des Dieux vengeurs :
Sur moi, sur vous peut-être ils puniroient ma flâme.

TELAÏRE.

De quelle horreur encor viens-tu fraper mon ame ?

CASTOR.

J'armerois Jupiter, son fils a mes sermens.

TELAÏRE.

Ils ont aimé ces Dieux, ils plaindront des amants.

On entend plusieurs coups de Tonerre.

Quai-je entendu ! Quel bruit ! Quels éclats de Tonerre !
Hélas ! C'est moi qui t'ai perdu.

CASTOR.

J'entends frémir les airs ! Je sens trembler la terre !
C'en est fait ! J'ai trop attendu.

ENSEMBLE.

Arrête, Dieu vengeur, arrête.

Le bruit redouble.

CASTOR.

L'Enfer est ouvert sous mes pas !
La foudre gronde sur ma tête !

Telaïre tombe évanouye de frayeur.

Ciel ! O Ciel ! Telaïre expire dans mes bras !
Arrête, Dieu vengeur, arrête.

On entend une symphonie mélodieuse.

Mais le bruit cesse... ouvrez les yeux :
A nos tourmens la nature est sensible,
Et ces concerts harmonieux
Annoncent un Dieu plus paisible.

Jupiter descend du Ciel sur son Aigle.

SCENE IV.

JUPITER, CASTOR, TELAÏRE.

JUPITER.

LEs Destins sont contens : ton sort est arrêté !
Je te rends à jamais le serment qui t'engage,
Tu ne verras plus le rivage
Que ton frere a déja quitté :
Il vit, & Jupiter vous permet le partage
De l'immortalité.

Pollux paroît.

SCENE

SCENE VI.

JUPITER, TELAÏRE, CASTOR & POLLUX.

CASTOR.

MOn frere ! O Ciel !

POLLUX.

Dieux ! Je retrouve ensemble
Tous les objets de mon amour !

CASTOR.

J'allois te délivrer du ténébreux séjour,
Quand le Ciel enfin nous rassemble.

CASTOR & TELAÏRE.

Dieux, qui formez pour nous un sort si plein d'appas,
O Dieux ! Ne nous separez pas.

POLLUX.

L'Enfer n'aura qu'une victime ;
J'ai vû Phebé descendre aux rives du trépas :
Un malheureux amour précipitoit ses pas,
Et l'amour a fait tout son crime.

JUPITER.

Palais de ma grandeur, où je dicte mes loix,
Vaste empire des Dieux, ouvrez-vous à ma voix.

SCENE DERNIERE.

Les Cieux s'ouvrent & laissent voir une partie du Zodiaque, le Soleil sur son char commence à le parcourir, on voit la place destinée aux Jumeaux; les Génies qui président aux Planetes & aux différentes Constellations occupent les côtés du Théâtre; dans le fond est le Palais de l'Olimpe.

JUPITER, POLLUX, CASTOR, TELAÏRE, LE SOLEIL, TOUS LES DIEUX DE L'OLIMPE, LES GENIES *qui président aux Globes Célestes.*

JUPITER à CASTOR *&* POLLUX.

TAnt de vertus doivent prétendre
Au partage de nos autels.
Offrons à l'Univers des signes immortels
D'une amitié si pure & d'un amour si tendre.

(*à* TELAÏRE.)

Et vous jeune mortelle, embelissez les Cieux.
Le sort accomplit ses promesses.
C'est la valeur qui fait les Dieux
Et la beauté fait les Déesses.

TOUS LES CHŒURS

Que les Cieux, que la Terre & l'Onde
Brillent de mille feux divers,
C'eſt l'ordre du maître du monde,
C'eſt la fête de l'Univers.

CASTOR.

Amour, Dieu vainqueur de nos ames,
Tu régnes dans tout l'Univers.
J'ai fait briller tes flâmes
Juſques dans les Enfers.
Sur la terre
J'ai porté tes fers.
Triomphe encore au ſéjour du Tonnerre.
Tu régnes dans tout l'Univers.

Les Génies qui préſident aux Planetes & aux différentes Conſtellations forment le Divertiſſement, pendant lequel Caſtor & Pollux vont remplir la place qui leur eſt deſtinée ſur le Zodiaque.

FIN.

APPROBATION.

J'Ai lû par ordre de Monſeigneur le Chancelier une réimpreſſion *de Caſtor & Pollux*, *Tragédie*. A Fontainebleau, ce vingt-quatre Octobre 1753.

DEMONCRIF.

www.ingramcontent.com/pod-product-compliance
Ingram Content Group UK Ltd.
Pitfield, Milton Keynes, MK11 3LW, UK
UKHW032002260826
14628UKWH00005B/2243